THIS *journal* BELONGS TO:

A

WEBSITE
USERNAME
PASSWORD
PIN/HINT
OTHER

WEBSITE
USERNAME
PASSWORD
PIN/HINT
OTHER

WEBSITE
USERNAME
PASSWORD
PIN/HINT
OTHER

WEBSITE
USERNAME
PASSWORD
PIN/HINT
OTHER

WEBSITE	
USERNAME	
PASSWORD	
PIN/HINT	
OTHER	

WEBSITE	
USERNAME	
PASSWORD	
PIN/HINT	
OTHER	

WEBSITE	
USERNAME	
PASSWORD	
PIN/HINT	
OTHER	

WEBSITE	
USERNAME	
PASSWORD	
PIN/HINT	
OTHER	

A

WEBSITE	
USERNAME	
PASSWORD	
PIN/HINT	
OTHER	

WEBSITE	
USERNAME	
PASSWORD	
PIN/HINT	
OTHER	

WEBSITE	
USERNAME	
PASSWORD	
PIN/HINT	
OTHER	

WEBSITE	
USERNAME	
PASSWORD	
PIN/HINT	
OTHER	

WEBSITE
USERNAME
PASSWORD
PIN/HINT
OTHER

WEBSITE
USERNAME
PASSWORD
PIN/HINT
OTHER

WEBSITE
USERNAME
PASSWORD
PIN/HINT
OTHER

WEBSITE
USERNAME
PASSWORD
PIN/HINT
OTHER

B

WEBSITE

USERNAME

PASSWORD

PIN/HINT

OTHER

WEBSITE

USERNAME

PASSWORD

PIN/HINT

OTHER

WEBSITE

USERNAME

PASSWORD

PIN/HINT

OTHER

WEBSITE

USERNAME

PASSWORD

PIN/HINT

OTHER

B

WEBSITE
USERNAME
PASSWORD
PIN/HINT
OTHER

WEBSITE
USERNAME
PASSWORD
PIN/HINT
OTHER

WEBSITE
USERNAME
PASSWORD
PIN/HINT
OTHER

WEBSITE
USERNAME
PASSWORD
PIN/HINT
OTHER

WEBSITE	
USERNAME	
PASSWORD	
PIN/HINT	
OTHER	

WEBSITE	
USERNAME	
PASSWORD	
PIN/HINT	
OTHER	

WEBSITE	
USERNAME	
PASSWORD	
PIN/HINT	
OTHER	

WEBSITE	
USERNAME	
PASSWORD	
PIN/HINT	
OTHER	

WEBSITE
USERNAME
PASSWORD
PIN/HINT
OTHER

WEBSITE
USERNAME
PASSWORD
PIN/HINT
OTHER

WEBSITE
USERNAME
PASSWORD
PIN/HINT
OTHER

WEBSITE
USERNAME
PASSWORD
PIN/HINT
OTHER

C

WEBSITE
USERNAME
PASSWORD
PIN/HINT
OTHER

WEBSITE
USERNAME
PASSWORD
PIN/HINT
OTHER

WEBSITE
USERNAME
PASSWORD
PIN/HINT
OTHER

WEBSITE
USERNAME
PASSWORD
PIN/HINT
OTHER

C

WEBSITE	
USERNAME	
PASSWORD	
PIN/HINT	
OTHER	

WEBSITE	
USERNAME	
PASSWORD	
PIN/HINT	
OTHER	

WEBSITE	
USERNAME	
PASSWORD	
PIN/HINT	
OTHER	

WEBSITE	
USERNAME	
PASSWORD	
PIN/HINT	
OTHER	

C

WEBSITE
USERNAME
PASSWORD
PIN/HINT
OTHER

WEBSITE
USERNAME
PASSWORD
PIN/HINT
OTHER

WEBSITE
USERNAME
PASSWORD
PIN/HINT
OTHER

WEBSITE
USERNAME
PASSWORD
PIN/HINT
OTHER

WEBSITE	
USERNAME	
PASSWORD	
PIN/HINT	
OTHER	

WEBSITE	
USERNAME	
PASSWORD	
PIN/HINT	
OTHER	

WEBSITE	
USERNAME	
PASSWORD	
PIN/HINT	
OTHER	

WEBSITE	
USERNAME	
PASSWORD	
PIN/HINT	
OTHER	

D

WEBSITE
USERNAME
PASSWORD
PIN/HINT
OTHER

WEBSITE
USERNAME
PASSWORD
PIN/HINT
OTHER

WEBSITE
USERNAME
PASSWORD
PIN/HINT
OTHER

WEBSITE
USERNAME
PASSWORD
PIN/HINT
OTHER

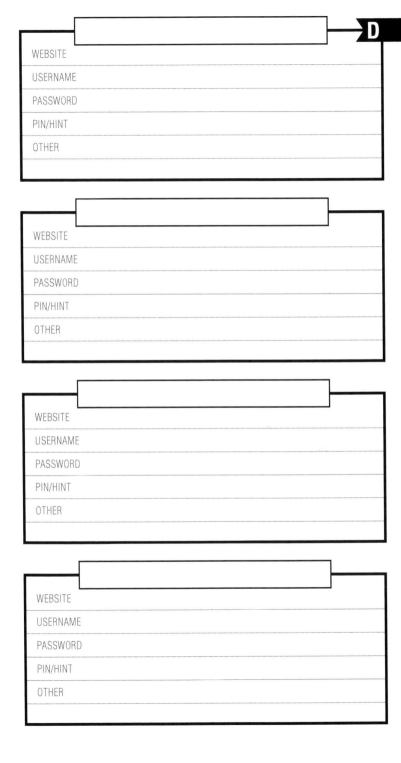

D

WEBSITE	
USERNAME	
PASSWORD	
PIN/HINT	
OTHER	

WEBSITE	
USERNAME	
PASSWORD	
PIN/HINT	
OTHER	

WEBSITE	
USERNAME	
PASSWORD	
PIN/HINT	
OTHER	

WEBSITE	
USERNAME	
PASSWORD	
PIN/HINT	
OTHER	

D

WEBSITE	
USERNAME	
PASSWORD	
PIN/HINT	
OTHER	

WEBSITE	
USERNAME	
PASSWORD	
PIN/HINT	
OTHER	

WEBSITE	
USERNAME	
PASSWORD	
PIN/HINT	
OTHER	

WEBSITE	
USERNAME	
PASSWORD	
PIN/HINT	
OTHER	

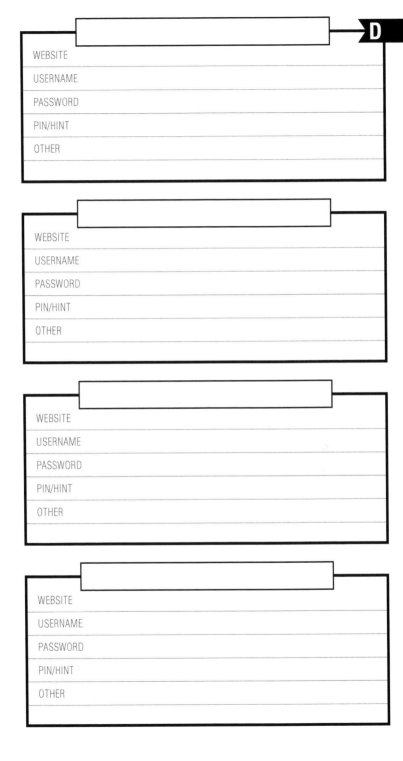

D

WEBSITE

USERNAME

PASSWORD

PIN/HINT

OTHER

WEBSITE

USERNAME

PASSWORD

PIN/HINT

OTHER

WEBSITE

USERNAME

PASSWORD

PIN/HINT

OTHER

WEBSITE

USERNAME

PASSWORD

PIN/HINT

OTHER

WEBSITE

USERNAME

PASSWORD

PIN/HINT

OTHER

WEBSITE

USERNAME

PASSWORD

PIN/HINT

OTHER

WEBSITE

USERNAME

PASSWORD

PIN/HINT

OTHER

WEBSITE

USERNAME

PASSWORD

PIN/HINT

OTHER

WEBSITE

USERNAME

PASSWORD

PIN/HINT

OTHER

WEBSITE

USERNAME

PASSWORD

PIN/HINT

OTHER

WEBSITE

USERNAME

PASSWORD

PIN/HINT

OTHER

WEBSITE

USERNAME

PASSWORD

PIN/HINT

OTHER

E

WEBSITE

USERNAME

PASSWORD

PIN/HINT

OTHER

WEBSITE

USERNAME

PASSWORD

PIN/HINT

OTHER

WEBSITE

USERNAME

PASSWORD

PIN/HINT

OTHER

WEBSITE

USERNAME

PASSWORD

PIN/HINT

OTHER

WEBSITE

USERNAME

PASSWORD

PIN/HINT

OTHER

WEBSITE

USERNAME

PASSWORD

PIN/HINT

OTHER

WEBSITE

USERNAME

PASSWORD

PIN/HINT

OTHER

WEBSITE

USERNAME

PASSWORD

PIN/HINT

OTHER

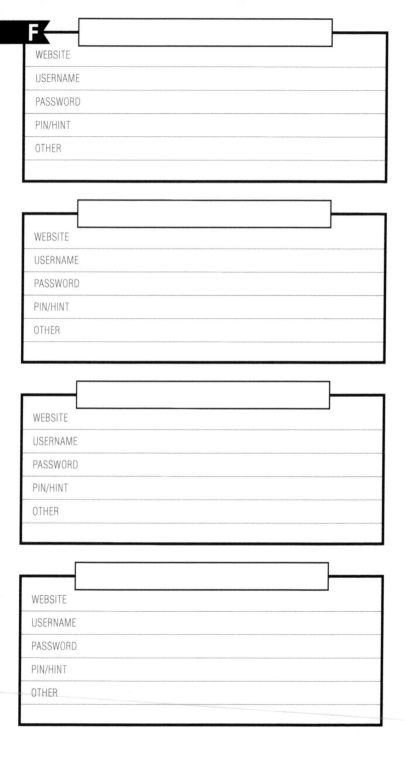

F

WEBSITE

USERNAME

PASSWORD

PIN/HINT

OTHER

WEBSITE

USERNAME

PASSWORD

PIN/HINT

OTHER

WEBSITE

USERNAME

PASSWORD

PIN/HINT

OTHER

WEBSITE

USERNAME

PASSWORD

PIN/HINT

OTHER

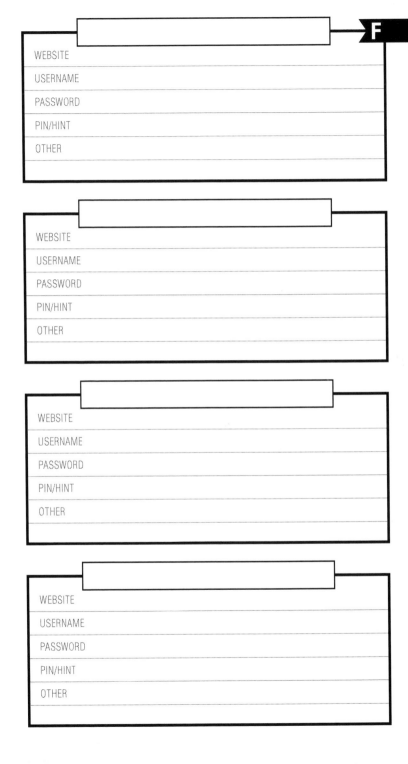

F

WEBSITE

USERNAME

PASSWORD

PIN/HINT

OTHER

WEBSITE

USERNAME

PASSWORD

PIN/HINT

OTHER

WEBSITE

USERNAME

PASSWORD

PIN/HINT

OTHER

WEBSITE

USERNAME

PASSWORD

PIN/HINT

OTHER

F

WEBSITE
USERNAME
PASSWORD
PIN/HINT
OTHER

WEBSITE
USERNAME
PASSWORD
PIN/HINT
OTHER

WEBSITE
USERNAME
PASSWORD
PIN/HINT
OTHER

WEBSITE
USERNAME
PASSWORD
PIN/HINT
OTHER

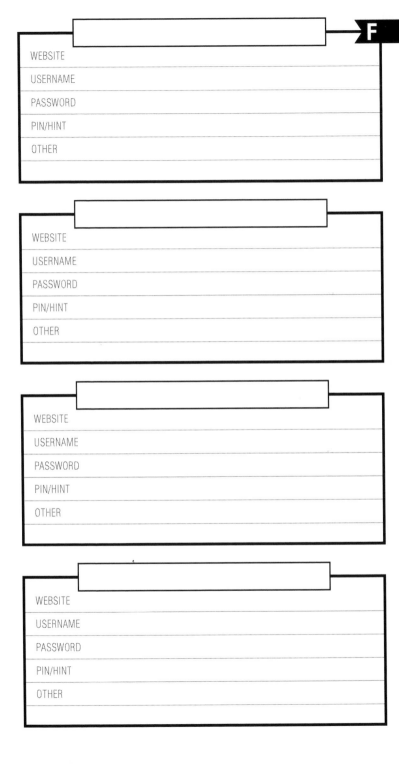

F

| WEBSITE |
| USERNAME |
| PASSWORD |
| PIN/HINT |
| OTHER |

| WEBSITE |
| USERNAME |
| PASSWORD |
| PIN/HINT |
| OTHER |

| WEBSITE |
| USERNAME |
| PASSWORD |
| PIN/HINT |
| OTHER |

| WEBSITE |
| USERNAME |
| PASSWORD |
| PIN/HINT |
| OTHER |

G

WEBSITE	
USERNAME	
PASSWORD	
PIN/HINT	
OTHER	

WEBSITE	
USERNAME	
PASSWORD	
PIN/HINT	
OTHER	

WEBSITE	
USERNAME	
PASSWORD	
PIN/HINT	
OTHER	

WEBSITE	
USERNAME	
PASSWORD	
PIN/HINT	
OTHER	

WEBSITE

USERNAME

PASSWORD

PIN/HINT

OTHER

WEBSITE

USERNAME

PASSWORD

PIN/HINT

OTHER

WEBSITE

USERNAME

PASSWORD

PIN/HINT

OTHER

WEBSITE

USERNAME

PASSWORD

PIN/HINT

OTHER

G

WEBSITE	
USERNAME	
PASSWORD	
PIN/HINT	
OTHER	

WEBSITE	
USERNAME	
PASSWORD	
PIN/HINT	
OTHER	

WEBSITE	
USERNAME	
PASSWORD	
PIN/HINT	
OTHER	

WEBSITE	
USERNAME	
PASSWORD	
PIN/HINT	
OTHER	

WEBSITE	
USERNAME	
PASSWORD	
PIN/HINT	
OTHER	

WEBSITE	
USERNAME	
PASSWORD	
PIN/HINT	
OTHER	

WEBSITE	
USERNAME	
PASSWORD	
PIN/HINT	
OTHER	

WEBSITE	
USERNAME	
PASSWORD	
PIN/HINT	
OTHER	

WEBSITE	
USERNAME	
PASSWORD	
PIN/HINT	
OTHER	

WEBSITE	
USERNAME	
PASSWORD	
PIN/HINT	
OTHER	

WEBSITE	
USERNAME	
PASSWORD	
PIN/HINT	
OTHER	

WEBSITE	
USERNAME	
PASSWORD	
PIN/HINT	
OTHER	

WEBSITE

USERNAME

PASSWORD

PIN/HINT

OTHER

WEBSITE

USERNAME

PASSWORD

PIN/HINT

OTHER

WEBSITE

USERNAME

PASSWORD

PIN/HINT

OTHER

WEBSITE

USERNAME

PASSWORD

PIN/HINT

OTHER

H

WEBSITE	
USERNAME	
PASSWORD	
PIN/HINT	
OTHER	

WEBSITE	
USERNAME	
PASSWORD	
PIN/HINT	
OTHER	

WEBSITE	
USERNAME	
PASSWORD	
PIN/HINT	
OTHER	

WEBSITE	
USERNAME	
PASSWORD	
PIN/HINT	
OTHER	

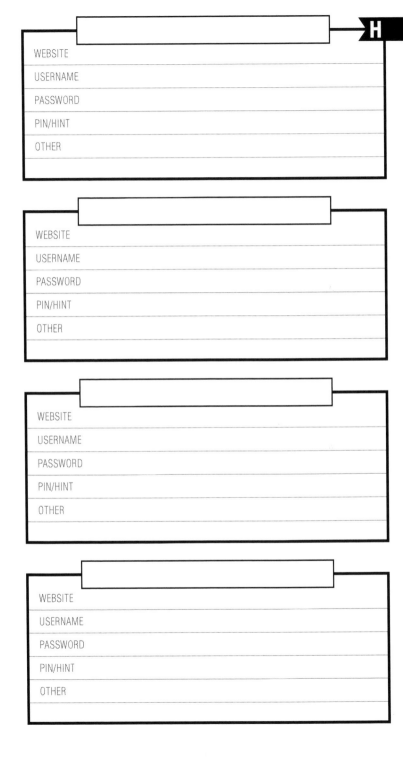

H

WEBSITE

USERNAME

PASSWORD

PIN/HINT

OTHER

WEBSITE

USERNAME

PASSWORD

PIN/HINT

OTHER

WEBSITE

USERNAME

PASSWORD

PIN/HINT

OTHER

WEBSITE

USERNAME

PASSWORD

PIN/HINT

OTHER

WEBSITE	
USERNAME	
PASSWORD	
PIN/HINT	
OTHER	

WEBSITE	
USERNAME	
PASSWORD	
PIN/HINT	
OTHER	

WEBSITE	
USERNAME	
PASSWORD	
PIN/HINT	
OTHER	

WEBSITE	
USERNAME	
PASSWORD	
PIN/HINT	
OTHER	

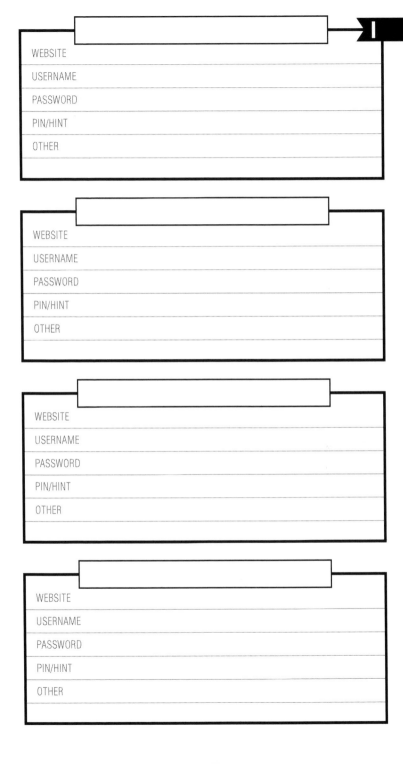

WEBSITE

USERNAME

PASSWORD

PIN/HINT

OTHER

WEBSITE

USERNAME

PASSWORD

PIN/HINT

OTHER

WEBSITE

USERNAME

PASSWORD

PIN/HINT

OTHER

WEBSITE

USERNAME

PASSWORD

PIN/HINT

OTHER

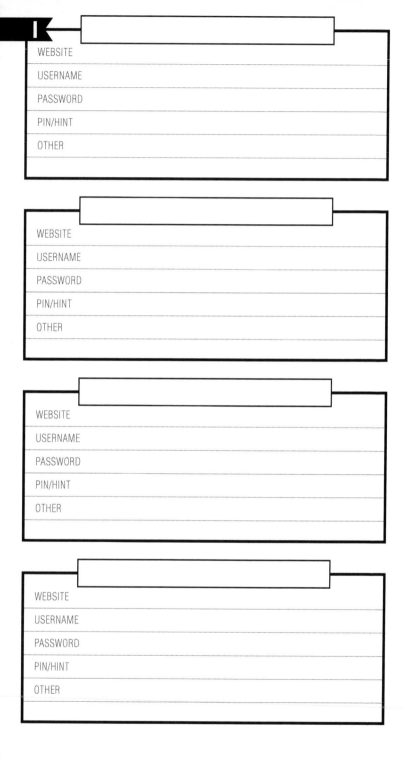

WEBSITE

USERNAME

PASSWORD

PIN/HINT

OTHER

WEBSITE

USERNAME

PASSWORD

PIN/HINT

OTHER

WEBSITE

USERNAME

PASSWORD

PIN/HINT

OTHER

WEBSITE

USERNAME

PASSWORD

PIN/HINT

OTHER

WEBSITE
USERNAME
PASSWORD
PIN/HINT
OTHER

WEBSITE
USERNAME
PASSWORD
PIN/HINT
OTHER

WEBSITE
USERNAME
PASSWORD
PIN/HINT
OTHER

WEBSITE
USERNAME
PASSWORD
PIN/HINT
OTHER

J

WEBSITE

USERNAME

PASSWORD

PIN/HINT

OTHER

WEBSITE

USERNAME

PASSWORD

PIN/HINT

OTHER

WEBSITE

USERNAME

PASSWORD

PIN/HINT

OTHER

WEBSITE

USERNAME

PASSWORD

PIN/HINT

OTHER

WEBSITE	
USERNAME	
PASSWORD	
PIN/HINT	
OTHER	

WEBSITE	
USERNAME	
PASSWORD	
PIN/HINT	
OTHER	

WEBSITE	
USERNAME	
PASSWORD	
PIN/HINT	
OTHER	

WEBSITE	
USERNAME	
PASSWORD	
PIN/HINT	
OTHER	

J

WEBSITE
USERNAME
PASSWORD
PIN/HINT
OTHER

WEBSITE
USERNAME
PASSWORD
PIN/HINT
OTHER

WEBSITE
USERNAME
PASSWORD
PIN/HINT
OTHER

WEBSITE
USERNAME
PASSWORD
PIN/HINT
OTHER

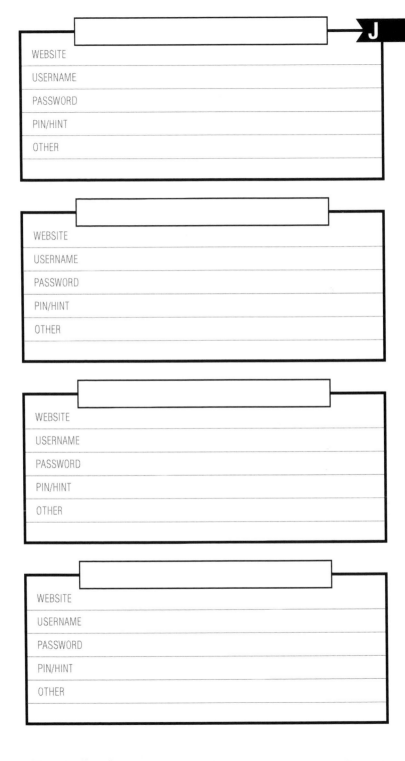

J

WEBSITE

USERNAME

PASSWORD

PIN/HINT

OTHER

WEBSITE

USERNAME

PASSWORD

PIN/HINT

OTHER

WEBSITE

USERNAME

PASSWORD

PIN/HINT

OTHER

WEBSITE

USERNAME

PASSWORD

PIN/HINT

OTHER

K

WEBSITE	
USERNAME	
PASSWORD	
PIN/HINT	
OTHER	

WEBSITE	
USERNAME	
PASSWORD	
PIN/HINT	
OTHER	

WEBSITE	
USERNAME	
PASSWORD	
PIN/HINT	
OTHER	

WEBSITE	
USERNAME	
PASSWORD	
PIN/HINT	
OTHER	

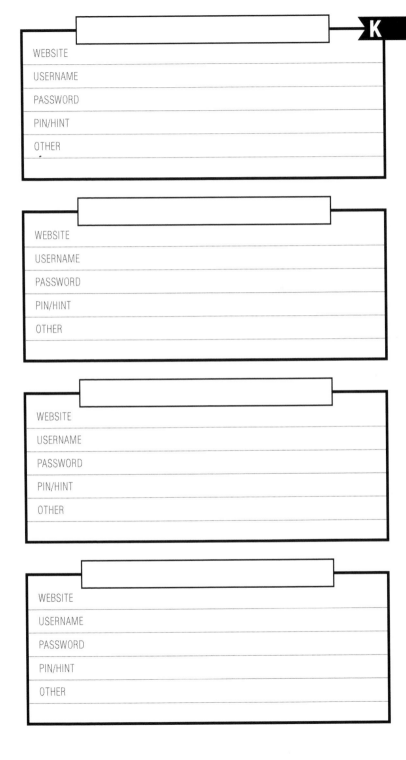

K

WEBSITE

USERNAME

PASSWORD

PIN/HINT

OTHER

WEBSITE

USERNAME

PASSWORD

PIN/HINT

OTHER

WEBSITE

USERNAME

PASSWORD

PIN/HINT

OTHER

WEBSITE

USERNAME

PASSWORD

PIN/HINT

OTHER

K

WEBSITE	
USERNAME	
PASSWORD	
PIN/HINT	
OTHER	

WEBSITE	
USERNAME	
PASSWORD	
PIN/HINT	
OTHER	

WEBSITE	
USERNAME	
PASSWORD	
PIN/HINT	
OTHER	

WEBSITE	
USERNAME	
PASSWORD	
PIN/HINT	
OTHER	

WEBSITE
USERNAME
PASSWORD
PIN/HINT
OTHER

WEBSITE
USERNAME
PASSWORD
PIN/HINT
OTHER

WEBSITE
USERNAME
PASSWORD
PIN/HINT
OTHER

WEBSITE
USERNAME
PASSWORD
PIN/HINT
OTHER

L

WEBSITE	
USERNAME	
PASSWORD	
PIN/HINT	
OTHER	

WEBSITE	
USERNAME	
PASSWORD	
PIN/HINT	
OTHER	

WEBSITE	
USERNAME	
PASSWORD	
PIN/HINT	
OTHER	

WEBSITE	
USERNAME	
PASSWORD	
PIN/HINT	
OTHER	

WEBSITE	
USERNAME	
PASSWORD	
PIN/HINT	
OTHER	

WEBSITE	
USERNAME	
PASSWORD	
PIN/HINT	
OTHER	

WEBSITE	
USERNAME	
PASSWORD	
PIN/HINT	
OTHER	

WEBSITE	
USERNAME	
PASSWORD	
PIN/HINT	
OTHER	

L

WEBSITE	
USERNAME	
PASSWORD	
PIN/HINT	
OTHER	

WEBSITE	
USERNAME	
PASSWORD	
PIN/HINT	
OTHER	

WEBSITE	
USERNAME	
PASSWORD	
PIN/HINT	
OTHER	

WEBSITE	
USERNAME	
PASSWORD	
PIN/HINT	
OTHER	

WEBSITE

USERNAME

PASSWORD

PIN/HINT

OTHER

WEBSITE

USERNAME

PASSWORD

PIN/HINT

OTHER

WEBSITE

USERNAME

PASSWORD

PIN/HINT

OTHER

WEBSITE

USERNAME

PASSWORD

PIN/HINT

OTHER

M

WEBSITE

USERNAME

PASSWORD

PIN/HINT

OTHER

WEBSITE

USERNAME

PASSWORD

PIN/HINT

OTHER

WEBSITE

USERNAME

PASSWORD

PIN/HINT

OTHER

WEBSITE

USERNAME

PASSWORD

PIN/HINT

OTHER

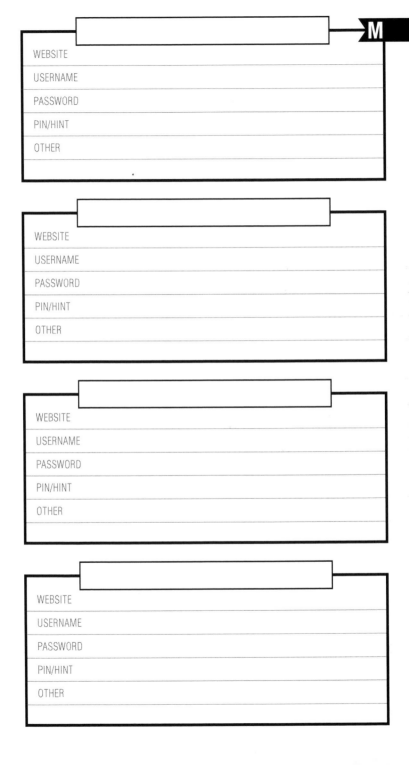

M

WEBSITE

USERNAME

PASSWORD

PIN/HINT

OTHER

WEBSITE

USERNAME

PASSWORD

PIN/HINT

OTHER

WEBSITE

USERNAME

PASSWORD

PIN/HINT

OTHER

WEBSITE

USERNAME

PASSWORD

PIN/HINT

OTHER

M

WEBSITE

USERNAME

PASSWORD

PIN/HINT

OTHER

WEBSITE

USERNAME

PASSWORD

PIN/HINT

OTHER

WEBSITE

USERNAME

PASSWORD

PIN/HINT

OTHER

WEBSITE

USERNAME

PASSWORD

PIN/HINT

OTHER

WEBSITE
USERNAME
PASSWORD
PIN/HINT
OTHER

WEBSITE
USERNAME
PASSWORD
PIN/HINT
OTHER

WEBSITE
USERNAME
PASSWORD
PIN/HINT
OTHER

WEBSITE
USERNAME
PASSWORD
PIN/HINT
OTHER

WEBSITE

USERNAME

PASSWORD

PIN/HINT

OTHER

WEBSITE

USERNAME

PASSWORD

PIN/HINT

OTHER

WEBSITE

USERNAME

PASSWORD

PIN/HINT

OTHER

WEBSITE

USERNAME

PASSWORD

PIN/HINT

OTHER

WEBSITE	
USERNAME	
PASSWORD	
PIN/HINT	
OTHER	

WEBSITE	
USERNAME	
PASSWORD	
PIN/HINT	
OTHER	

WEBSITE	
USERNAME	
PASSWORD	
PIN/HINT	
OTHER	

WEBSITE	
USERNAME	
PASSWORD	
PIN/HINT	
OTHER	

N

WEBSITE

USERNAME

PASSWORD

PIN/HINT

OTHER

WEBSITE

USERNAME

PASSWORD

PIN/HINT

OTHER

WEBSITE

USERNAME

PASSWORD

PIN/HINT

OTHER

WEBSITE

USERNAME

PASSWORD

PIN/HINT

OTHER

WEBSITE
USERNAME
PASSWORD
PIN/HINT
OTHER

WEBSITE
USERNAME
PASSWORD
PIN/HINT
OTHER

WEBSITE
USERNAME
PASSWORD
PIN/HINT
OTHER

WEBSITE
USERNAME
PASSWORD
PIN/HINT
OTHER

0

WEBSITE	
USERNAME	
PASSWORD	
PIN/HINT	
OTHER	

WEBSITE	
USERNAME	
PASSWORD	
PIN/HINT	
OTHER	

WEBSITE	
USERNAME	
PASSWORD	
PIN/HINT	
OTHER	

WEBSITE	
USERNAME	
PASSWORD	
PIN/HINT	
OTHER	

0

WEBSITE

USERNAME

PASSWORD

PIN/HINT

OTHER

WEBSITE

USERNAME

PASSWORD

PIN/HINT

OTHER

WEBSITE

USERNAME

PASSWORD

PIN/HINT

OTHER

WEBSITE

USERNAME

PASSWORD

PIN/HINT

OTHER

0

WEBSITE

USERNAME

PASSWORD

PIN/HINT

OTHER

WEBSITE

USERNAME

PASSWORD

PIN/HINT

OTHER

WEBSITE

USERNAME

PASSWORD

PIN/HINT

OTHER

WEBSITE

USERNAME

PASSWORD

PIN/HINT

OTHER

0

WEBSITE

USERNAME

PASSWORD

PIN/HINT

OTHER

WEBSITE

USERNAME

PASSWORD

PIN/HINT

OTHER

WEBSITE

USERNAME

PASSWORD

PIN/HINT

OTHER

WEBSITE

USERNAME

PASSWORD

PIN/HINT

OTHER

P

WEBSITE

USERNAME

PASSWORD

PIN/HINT

OTHER

WEBSITE

USERNAME

PASSWORD

PIN/HINT

OTHER

WEBSITE

USERNAME

PASSWORD

PIN/HINT

OTHER

WEBSITE

USERNAME

PASSWORD

PIN/HINT

OTHER

WEBSITE	
USERNAME	
PASSWORD	
PIN/HINT	
OTHER	

WEBSITE	
USERNAME	
PASSWORD	
PIN/HINT	
OTHER	

WEBSITE	
USERNAME	
PASSWORD	
PIN/HINT	
OTHER	

WEBSITE	
USERNAME	
PASSWORD	
PIN/HINT	
OTHER	

P

WEBSITE

USERNAME

PASSWORD

PIN/HINT

OTHER

WEBSITE

USERNAME

PASSWORD

PIN/HINT

OTHER

WEBSITE

USERNAME

PASSWORD

PIN/HINT

OTHER

WEBSITE

USERNAME

PASSWORD

PIN/HINT

OTHER

P

WEBSITE

USERNAME

PASSWORD

PIN/HINT

OTHER

WEBSITE

USERNAME

PASSWORD

PIN/HINT

OTHER

WEBSITE

USERNAME

PASSWORD

PIN/HINT

OTHER

WEBSITE

USERNAME

PASSWORD

PIN/HINT

OTHER

Q

WEBSITE
USERNAME
PASSWORD
PIN/HINT
OTHER

WEBSITE
USERNAME
PASSWORD
PIN/HINT
OTHER

WEBSITE
USERNAME
PASSWORD
PIN/HINT
OTHER

WEBSITE
USERNAME
PASSWORD
PIN/HINT
OTHER

WEBSITE

USERNAME

PASSWORD

PIN/HINT

OTHER

WEBSITE

USERNAME

PASSWORD

PIN/HINT

OTHER

WEBSITE

USERNAME

PASSWORD

PIN/HINT

OTHER

WEBSITE

USERNAME

PASSWORD

PIN/HINT

OTHER

Q

WEBSITE

USERNAME

PASSWORD

PIN/HINT

OTHER

WEBSITE

USERNAME

PASSWORD

PIN/HINT

OTHER

WEBSITE

USERNAME

PASSWORD

PIN/HINT

OTHER

WEBSITE

USERNAME

PASSWORD

PIN/HINT

OTHER

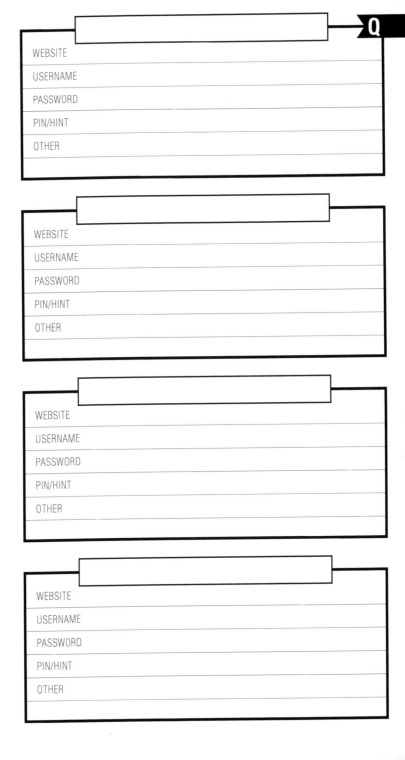

Q

WEBSITE	
USERNAME	
PASSWORD	
PIN/HINT	
OTHER	

WEBSITE	
USERNAME	
PASSWORD	
PIN/HINT	
OTHER	

WEBSITE	
USERNAME	
PASSWORD	
PIN/HINT	
OTHER	

WEBSITE	
USERNAME	
PASSWORD	
PIN/HINT	
OTHER	

R

WEBSITE
USERNAME
PASSWORD
PIN/HINT
OTHER

WEBSITE
USERNAME
PASSWORD
PIN/HINT
OTHER

WEBSITE
USERNAME
PASSWORD
PIN/HINT
OTHER

WEBSITE
USERNAME
PASSWORD
PIN/HINT
OTHER

WEBSITE

USERNAME

PASSWORD

PIN/HINT

OTHER

WEBSITE

USERNAME

PASSWORD

PIN/HINT

OTHER

WEBSITE

USERNAME

PASSWORD

PIN/HINT

OTHER

WEBSITE

USERNAME

PASSWORD

PIN/HINT

OTHER

R

WEBSITE
USERNAME
PASSWORD
PIN/HINT
OTHER

WEBSITE
USERNAME
PASSWORD
PIN/HINT
OTHER

WEBSITE
USERNAME
PASSWORD
PIN/HINT
OTHER

WEBSITE
USERNAME
PASSWORD
PIN/HINT
OTHER

WEBSITE

USERNAME

PASSWORD

PIN/HINT

OTHER

WEBSITE

USERNAME

PASSWORD

PIN/HINT

OTHER

WEBSITE

USERNAME

PASSWORD

PIN/HINT

OTHER

WEBSITE

USERNAME

PASSWORD

PIN/HINT

OTHER

S

WEBSITE	
USERNAME	
PASSWORD	
PIN/HINT	
OTHER	

WEBSITE	
USERNAME	
PASSWORD	
PIN/HINT	
OTHER	

WEBSITE	
USERNAME	
PASSWORD	
PIN/HINT	
OTHER	

WEBSITE	
USERNAME	
PASSWORD	
PIN/HINT	
OTHER	

WEBSITE

USERNAME

PASSWORD

PIN/HINT

OTHER

WEBSITE

USERNAME

PASSWORD

PIN/HINT

OTHER

WEBSITE

USERNAME

PASSWORD

PIN/HINT

OTHER

WEBSITE

USERNAME

PASSWORD

PIN/HINT

OTHER

S

WEBSITE	
USERNAME	
PASSWORD	
PIN/HINT	
OTHER	

WEBSITE	
USERNAME	
PASSWORD	
PIN/HINT	
OTHER	

WEBSITE	
USERNAME	
PASSWORD	
PIN/HINT	
OTHER	

WEBSITE	
USERNAME	
PASSWORD	
PIN/HINT	
OTHER	

WEBSITE	
USERNAME	
PASSWORD	
PIN/HINT	
OTHER	

WEBSITE	
USERNAME	
PASSWORD	
PIN/HINT	
OTHER	

WEBSITE	
USERNAME	
PASSWORD	
PIN/HINT	
OTHER	

WEBSITE	
USERNAME	
PASSWORD	
PIN/HINT	
OTHER	

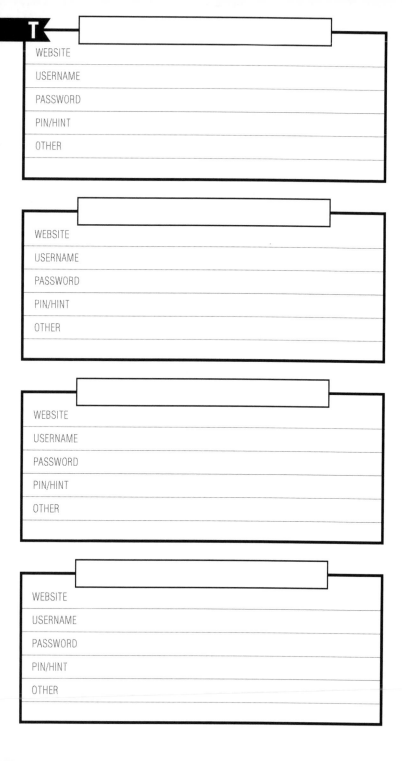

T

WEBSITE

USERNAME

PASSWORD

PIN/HINT

OTHER

WEBSITE

USERNAME

PASSWORD

PIN/HINT

OTHER

WEBSITE

USERNAME

PASSWORD

PIN/HINT

OTHER

WEBSITE

USERNAME

PASSWORD

PIN/HINT

OTHER

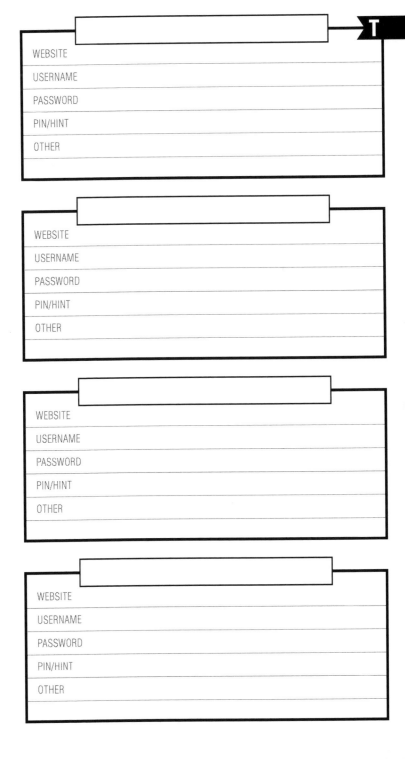

WEBSITE

USERNAME

PASSWORD

PIN/HINT

OTHER

WEBSITE

USERNAME

PASSWORD

PIN/HINT

OTHER

WEBSITE

USERNAME

PASSWORD

PIN/HINT

OTHER

WEBSITE

USERNAME

PASSWORD

PIN/HINT

OTHER

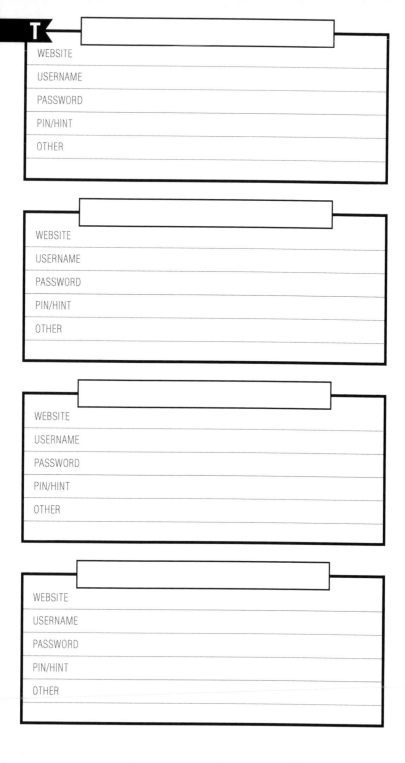

T

WEBSITE

USERNAME

PASSWORD

PIN/HINT

OTHER

WEBSITE

USERNAME

PASSWORD

PIN/HINT

OTHER

WEBSITE

USERNAME

PASSWORD

PIN/HINT

OTHER

WEBSITE

USERNAME

PASSWORD

PIN/HINT

OTHER

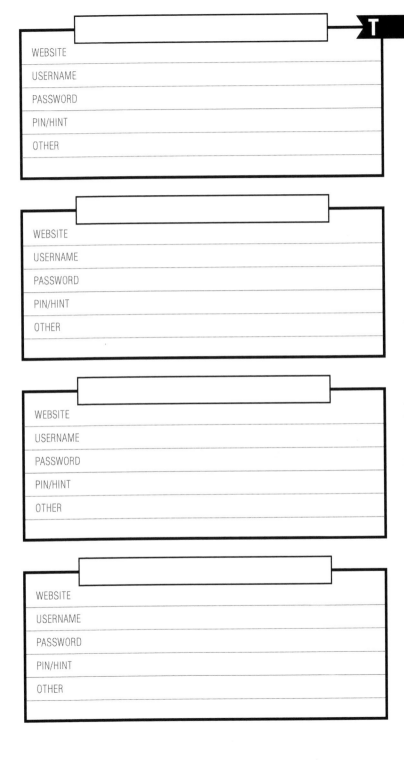

WEBSITE

USERNAME

PASSWORD

PIN/HINT

OTHER

WEBSITE

USERNAME

PASSWORD

PIN/HINT

OTHER

WEBSITE

USERNAME

PASSWORD

PIN/HINT

OTHER

WEBSITE

USERNAME

PASSWORD

PIN/HINT

OTHER

U

WEBSITE	
USERNAME	
PASSWORD	
PIN/HINT	
OTHER	

WEBSITE	
USERNAME	
PASSWORD	
PIN/HINT	
OTHER	

WEBSITE	
USERNAME	
PASSWORD	
PIN/HINT	
OTHER	

WEBSITE	
USERNAME	
PASSWORD	
PIN/HINT	
OTHER	

U

WEBSITE

USERNAME

PASSWORD

PIN/HINT

OTHER

WEBSITE

USERNAME

PASSWORD

PIN/HINT

OTHER

WEBSITE

USERNAME

PASSWORD

PIN/HINT

OTHER

WEBSITE

USERNAME

PASSWORD

PIN/HINT

OTHER

U

WEBSITE

USERNAME

PASSWORD

PIN/HINT

OTHER

WEBSITE

USERNAME

PASSWORD

PIN/HINT

OTHER

WEBSITE

USERNAME

PASSWORD

PIN/HINT

OTHER

WEBSITE

USERNAME

PASSWORD

PIN/HINT

OTHER

U

WEBSITE

USERNAME

PASSWORD

PIN/HINT

OTHER

WEBSITE

USERNAME

PASSWORD

PIN/HINT

OTHER

WEBSITE

USERNAME

PASSWORD

PIN/HINT

OTHER

WEBSITE

USERNAME

PASSWORD

PIN/HINT

OTHER

V

WEBSITE	
USERNAME	
PASSWORD	
PIN/HINT	
OTHER	

WEBSITE	
USERNAME	
PASSWORD	
PIN/HINT	
OTHER	

WEBSITE	
USERNAME	
PASSWORD	
PIN/HINT	
OTHER	

WEBSITE	
USERNAME	
PASSWORD	
PIN/HINT	
OTHER	

V

WEBSITE

USERNAME

PASSWORD

PIN/HINT

OTHER

WEBSITE

USERNAME

PASSWORD

PIN/HINT

OTHER

WEBSITE

USERNAME

PASSWORD

PIN/HINT

OTHER

WEBSITE

USERNAME

PASSWORD

PIN/HINT

OTHER

V

WEBSITE	
USERNAME	
PASSWORD	
PIN/HINT	
OTHER	

WEBSITE	
USERNAME	
PASSWORD	
PIN/HINT	
OTHER	

WEBSITE	
USERNAME	
PASSWORD	
PIN/HINT	
OTHER	

WEBSITE	
USERNAME	
PASSWORD	
PIN/HINT	
OTHER	

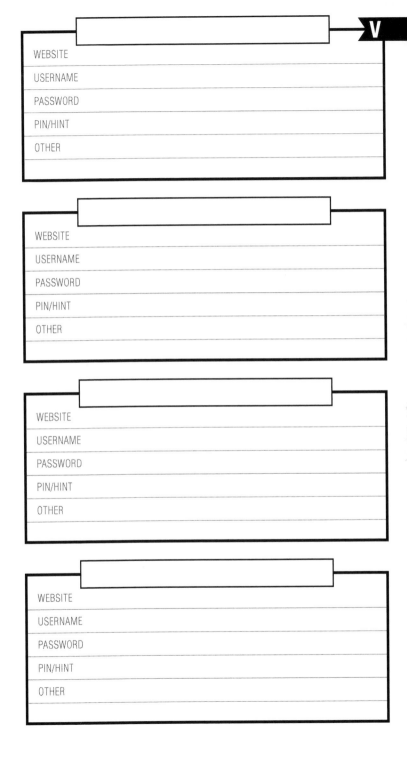

WEBSITE

USERNAME

PASSWORD

PIN/HINT

OTHER

WEBSITE

USERNAME

PASSWORD

PIN/HINT

OTHER

WEBSITE

USERNAME

PASSWORD

PIN/HINT

OTHER

WEBSITE

USERNAME

PASSWORD

PIN/HINT

OTHER

W

WEBSITE	
USERNAME	
PASSWORD	
PIN/HINT	
OTHER	

WEBSITE	
USERNAME	
PASSWORD	
PIN/HINT	
OTHER	

WEBSITE	
USERNAME	
PASSWORD	
PIN/HINT	
OTHER	

WEBSITE	
USERNAME	
PASSWORD	
PIN/HINT	
OTHER	

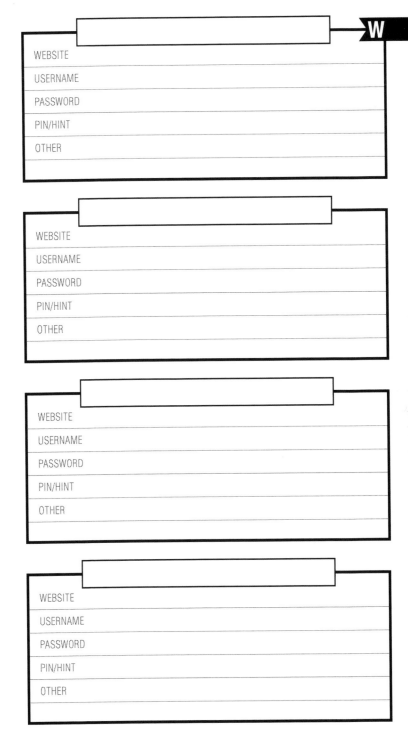

W

WEBSITE

USERNAME

PASSWORD

PIN/HINT

OTHER

WEBSITE

USERNAME

PASSWORD

PIN/HINT

OTHER

WEBSITE

USERNAME

PASSWORD

PIN/HINT

OTHER

WEBSITE

USERNAME

PASSWORD

PIN/HINT

OTHER

W

WEBSITE

USERNAME

PASSWORD

PIN/HINT

OTHER

WEBSITE

USERNAME

PASSWORD

PIN/HINT

OTHER

WEBSITE

USERNAME

PASSWORD

PIN/HINT

OTHER

WEBSITE

USERNAME

PASSWORD

PIN/HINT

OTHER

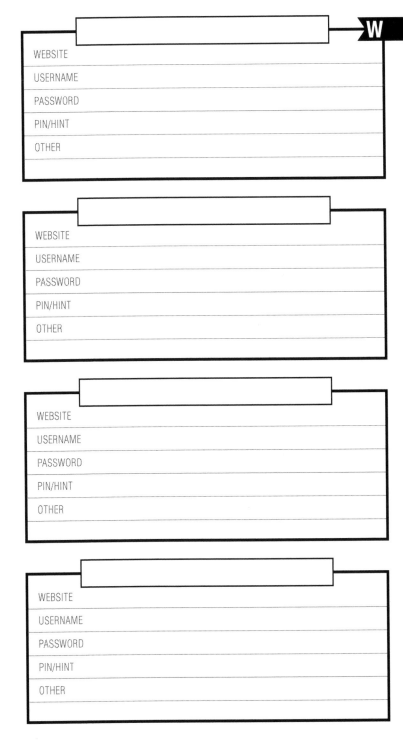

WEBSITE

USERNAME

PASSWORD

PIN/HINT

OTHER

WEBSITE

USERNAME

PASSWORD

PIN/HINT

OTHER

WEBSITE

USERNAME

PASSWORD

PIN/HINT

OTHER

WEBSITE

USERNAME

PASSWORD

PIN/HINT

OTHER

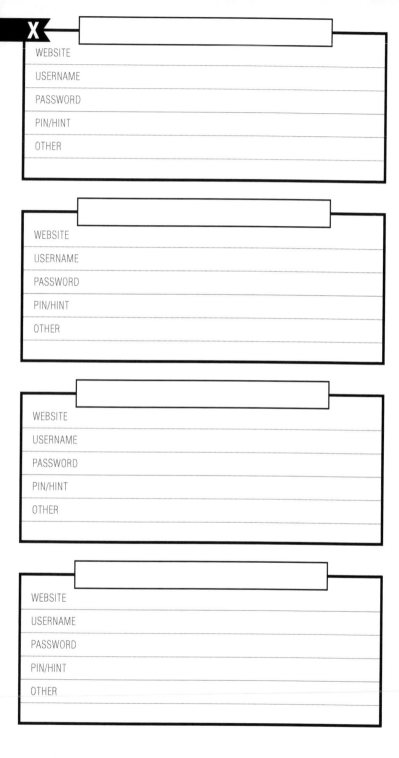

X

WEBSITE

USERNAME

PASSWORD

PIN/HINT

OTHER

WEBSITE

USERNAME

PASSWORD

PIN/HINT

OTHER

WEBSITE

USERNAME

PASSWORD

PIN/HINT

OTHER

WEBSITE

USERNAME

PASSWORD

PIN/HINT

OTHER

X

WEBSITE	
USERNAME	
PASSWORD	
PIN/HINT	
OTHER	

WEBSITE	
USERNAME	
PASSWORD	
PIN/HINT	
OTHER	

WEBSITE	
USERNAME	
PASSWORD	
PIN/HINT	
OTHER	

WEBSITE	
USERNAME	
PASSWORD	
PIN/HINT	
OTHER	

X

WEBSITE	
USERNAME	
PASSWORD	
PIN/HINT	
OTHER	

WEBSITE	
USERNAME	
PASSWORD	
PIN/HINT	
OTHER	

WEBSITE	
USERNAME	
PASSWORD	
PIN/HINT	
OTHER	

WEBSITE	
USERNAME	
PASSWORD	
PIN/HINT	
OTHER	

X

WEBSITE

USERNAME

PASSWORD

PIN/HINT

OTHER

WEBSITE

USERNAME

PASSWORD

PIN/HINT

OTHER

WEBSITE

USERNAME

PASSWORD

PIN/HINT

OTHER

WEBSITE

USERNAME

PASSWORD

PIN/HINT

OTHER

Y

WEBSITE
USERNAME
PASSWORD
PIN/HINT
OTHER

WEBSITE
USERNAME
PASSWORD
PIN/HINT
OTHER

WEBSITE
USERNAME
PASSWORD
PIN/HINT
OTHER

WEBSITE
USERNAME
PASSWORD
PIN/HINT
OTHER

Y

WEBSITE
USERNAME
PASSWORD
PIN/HINT
OTHER

WEBSITE
USERNAME
PASSWORD
PIN/HINT
OTHER

WEBSITE
USERNAME
PASSWORD
PIN/HINT
OTHER

WEBSITE
USERNAME
PASSWORD
PIN/HINT
OTHER

Y

WEBSITE	
USERNAME	
PASSWORD	
PIN/HINT	
OTHER	

WEBSITE	
USERNAME	
PASSWORD	
PIN/HINT	
OTHER	

WEBSITE	
USERNAME	
PASSWORD	
PIN/HINT	
OTHER	

WEBSITE	
USERNAME	
PASSWORD	
PIN/HINT	
OTHER	

WEBSITE	
USERNAME	
PASSWORD	
PIN/HINT	
OTHER	

WEBSITE	
USERNAME	
PASSWORD	
PIN/HINT	
OTHER	

WEBSITE	
USERNAME	
PASSWORD	
PIN/HINT	
OTHER	

WEBSITE	
USERNAME	
PASSWORD	
PIN/HINT	
OTHER	

Z

WEBSITE

USERNAME

PASSWORD

PIN/HINT

OTHER

WEBSITE

USERNAME

PASSWORD

PIN/HINT

OTHER

WEBSITE

USERNAME

PASSWORD

PIN/HINT

OTHER

WEBSITE

USERNAME

PASSWORD

PIN/HINT

OTHER

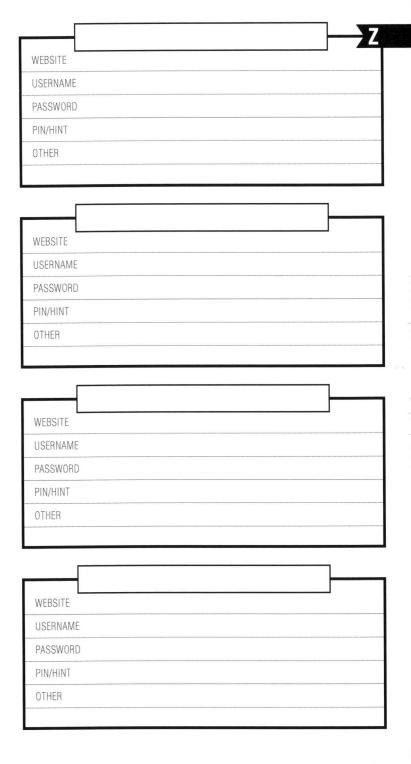

Z

WEBSITE	
USERNAME	
PASSWORD	
PIN/HINT	
OTHER	

WEBSITE	
USERNAME	
PASSWORD	
PIN/HINT	
OTHER	

WEBSITE	
USERNAME	
PASSWORD	
PIN/HINT	
OTHER	

WEBSITE	
USERNAME	
PASSWORD	
PIN/HINT	
OTHER	

Z

WEBSITE	
USERNAME	
PASSWORD	
PIN/HINT	
OTHER	

WEBSITE	
USERNAME	
PASSWORD	
PIN/HINT	
OTHER	

WEBSITE	
USERNAME	
PASSWORD	
PIN/HINT	
OTHER	

WEBSITE	
USERNAME	
PASSWORD	
PIN/HINT	
OTHER	

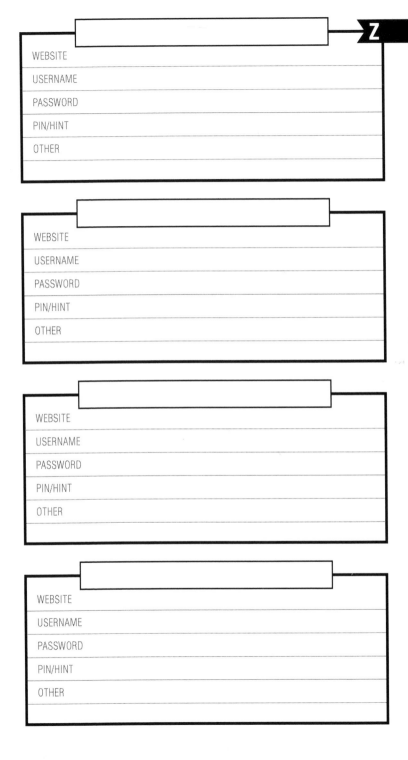

Z

WEBSITE

USERNAME

PASSWORD

PIN/HINT

OTHER

WEBSITE

USERNAME

PASSWORD

PIN/HINT

OTHER

WEBSITE

USERNAME

PASSWORD

PIN/HINT

OTHER

WEBSITE

USERNAME

PASSWORD

PIN/HINT

OTHER

Made in the USA
San Bernardino, CA
10 September 2019